조점숙 시집

숲이 속삭이다

지성의샘

나로 하여금 사색하게 만든 '월든 숲'

CONTENTS

1 숲에 살다

봄이 오면 _ 10
봄나들이 _ 12
숲속 깊은 곳에 _ 14
지난 일주일 동안 _ 15
봄은 _ 16
빼앗긴 봄 _ 17
집행유예 _ 19
재검진 날 _ 20
아침이슬 _ 22
벌레 우는 밤 _ 24
반딧불이 _ 26
여름 한낮 _ 27
창문을 여니 _ 28
폭풍의 계절 _ 30
오수 _ 32
한여름 빗속에서 _ 33
가을 오후 _ 34
가을 풍경 _ 36
가을 앞에서 _ 37

CONTENTS

겨울 풍경 1 _ 38
겨울 풍경 2 _ 40
겨울바람 _ 42
하얀 눈송이 _ 43
눈 덮인 숲 _ 44
모든 질서는 아름답다 _ 46
겨울 아침에 _ 47
폭설이 내리던 밤 _ 48
아기 나무 _ 50
안개에 젖은 날 _ 51

2 숲에서 사색하다

고독에 대한 단상 1 _ 54
고독에 대한 단상 2 _ 55
시간 안에서 _ 56
상처 받았을 때 _ 58
슬픔이 있는 자여 _ 60
비 오는 날에는 _ 62
생존의 현장 _ 64

CONTENTS

절규 _ 65
전등을 끄니 _ 66
생강 껍질을 벗기며 _ 67
오늘도 무언가를 찾는 여자 _ 68
불면의 밤 _ 69
오작교 _ 70
녹색의 정원 _ 71
너를 안고 있으면 _ 72
행복 _ 74
그림자 _ 75
산책길 1 _ 76
산책길 2 _ 78
아련한 그리움 _ 79

3. 지난날을 회상하다

추억 1 _ 82
추억 2 _ 83
어린 시절 1 _ 84
어린 시절 2 _ 86

CONTENTS

어린 시절 3 _ 88
어머니 _ 90
아버지 _ 91
젊은 날의 회상 _ 92
비 오는 날 _ 93
회전목마 _ 94
음악상자 _ 97
해 질 무렵 _ 98

4 자연이 속삭이다

무엇을 기다리는가 _ 102
고백 _ 104
순간의 결정으로 _ 105
빙하가 깎아놓은 절경 _ 106
캘리포니아 하늘을 기리는 시 _ 108
바다가 나에게 _ 109
마음은 날아가는 연이 되어 _ 110
시간이 천천히 흐르는 마을 _ 111
자연이 만든 붉은 성채 _ 112

CONTENTS

푸에블로 인디언의 목소리 _ 113
폐허가 속삭이다 _ 117
무거운 세월을 안고 _ 118
청령포 _ 120
희망의 하얀 절벽 _ 122
스코틀랜드의 하이랜드 _ 124
노르웨이의 자연이 속삭이다 _ 127
평안함을 주는 모허 절벽 _ 130
가슴이 시리도록 푸른 카프리 섬 _ 133
자유로움을 느낀 히에라폴리스 _ 134
신비의 세계 보게 하는 곳 _ 136
길 중의 길 _ 138
지금도 살아 숨 쉬는 도시 _ 140
폐허여서 더욱 아름다운 곳 _ 142
그리스의 상전벽해 _ 144
조명 _ 145
오늘도 나일강은 흐르고 있다 _ 147

후기 _ 151

1
숲에 살다

봄이 오면 / 봄나들이 / 숲속 깊은 곳에
지난 일주일 동안 / 봄은 / 빼앗긴 봄 / 집행유예
재검진 날 / 아침이슬 / 벌레 우는 밤 / 반딧불이
여름 한낮 / 창문을 여니 / 폭풍의 계절
오수 / 한여름 빗속에서 / 가을 오후 / 가을 풍경
가을 앞에서 / 겨울 풍경 1 / 겨울 풍경 2
겨울바람 / 하얀 눈송이 / 눈 덮인 숲
모든 질서는 아름답다 / 겨울 아침에
폭설이 내리던 밤 / 아기 나무 / 안개에 젖은 날

봄이 오면

봄이 오면
내 마음도 녹겠지
아무리 큰 눈이 내려 쌓여도
제가 당할 수 없지

봄이 오면
보슬보슬 내리는 봄비에
굳은 땅 뚫고 솟아오르는 크로커스를
누구도 막을 수 없네

봄이 오면
이른 아침부터 재잘거리는 새들
짝 찾기와 집짓기로
바지런히 움직이지

봄이 오면
비어 있는 내 마음에도
온갖 기대로 채우며
덩달아 부산해지네

봄이 오면
부드러운 봄빛의 유혹에

마음 흔들려
괴나리봇짐 지고 집을 나서야지

봄이 오면
창조자가 보내온
낯익은 편지에
누군들 설레지 않으랴

봄나들이

죽은 듯한 나무에
신록이 찾아오니
잊었던 것 찾으러
봄나들이 떠납니다

답사길
새마을운동으로 찻길이 뚫렸어도
억지로 걸었던 길
유적지보다 더 생각납니다

논둑길 따라 걷다 보니
앞서거니 뒤서거니
춤추는 노랑나비 한 쌍
당신이었습니다

봄 준비로 바쁜 농가
강아지도 덩달아 바쁘고
젊은 아낙의 서두르는 발걸음
당신이었습니다

서울에서 온 학생에게
무 하나 건네는

할머니의 정다운 모습
당신이었습니다

얕은 시냇가
징검다리 건너려
바짓가랑이를 올리다 보니
당신이 거기에도 있었습니다

아련한 기억 속의 당신
잊었던 것 아니라
언제나
당신과 동행하고 있었습니다

숲속 깊은 곳에

숲속 깊은 곳에
숨어 있는
하얀 꽃나무 한 그루

봄이 오면
살며시 나타나
눈길을 끌었네

수줍어하는 새색시처럼
감히 얼굴도 들지 못하고
다소곳이 서서

찾아올 자 기다리며
아름다움 발산하고 있었네

이제야 자유로이
가까이 다가가 바라보았네

너에게 가기까지
오랜 세월 걸리었구나

자제하였던 지난날
많은 것 놓치었겠지

지난 일주일 동안

지난 일주일 동안
숲에서는
소리 없는 전쟁이 있었네

텅 비인 숲
누가 먼저 하늘을 차지하나
전력을 다해 싸우더니

여리고 보드라운 그 잎들
하늘을 다 차지하였네
빈자리 하나 없이…

신록의 잎들
마치 땅따먹기라도 하는 듯
힘차게 영역을 넓히니

지난해의 낡은 옷을 입고 있던 도토리나무도
하루아침에 새 옷으로 갈아 입었네

봄은

추위가 온 세상을 덮으니
외딴 보금자리에 숨어
단꿈을 꾼다

달팽이처럼
집 안에 웅크리고서
봄을 기다린다

봄은
기다리는 자에게만
온다

빼앗긴 봄

당신이 오는 걸 보고 있었습니다
허나 당신을 느낄 순 없었습니다
당신의 찬란한 모습을 가슴에 담을 수 없었습니다
무언가가 당신을 빼앗아 가 버렸습니다

당신 맞을 준비가 되어있지 않았습니다
오시는 당신 차단하고서
오시지 않는다고
빼앗겼다고 불평하였습니다

당신의 오심 예년처럼 환영하려 했으나
진정한 기쁨은 아니었습니다
육신의 병에 나약한 내 모습
창조주께 부끄러웠습니다

누구의 잘못도 아니었습니다
내 마음에
내 생각으로 채우며
내 스스로 병들게 하였나 봅니다

다시는 내 삶에서
당신을 잃어버리고 싶지 않습니다

모든 것 창조주께 맡기고
당신과 함께하고 싶습니다

당신을 보내시는 이의 능력으로
내 안을 채우고
평안을 주시어
성숙한 자로 살게 하시옵소서

집행유예

검진하는 삼 개월
견인(堅忍)의 세월

육 개월 후
재검진 판정

당신의 음성으로도 부족하여
결과 나올 때까지 노심초사하는 나약한 존재
당신의 주권 인정하기에
왜 나인가 감히 묻지도 못하였지만

시간 안에 사는
사랑하는 자들
그들 마음에 남아 살고 싶었다

아무것도 변한 것이 없으나
모든 것이 변하였다

재검진 날

가을은 깊어 가고
첫눈을 품은 잿빛 하늘

하늘도 여전하고
땅도 여전하고
사람도 여전하다

떠들썩한 세상을 뒤로하고
조용히 병원을 찾는다
의외로 담담하다

지난봄
마음의 폭풍이 휩쓴
그 언덕에 다가가는데
무디어진 것인지…

내가 할 수 있는 것 아무것도 없으니
창조주만 의지하자고
현재만 생각하자고
다짐한다

그래도

의사 앞에서
잠시 가슴이 뛴다

주신 가시
사랑

아침이슬

매일 아침
당신은
물방울 하나를
나의 작은 꽃에게 선사합니다

만지면 부서질까
흔들면 떨어질까
꽃잎 끝에 대롱대롱 매달린
작은 물방울
깨끗함의 절정
나의 꽃은 이것을 먹고 삽니다

그리곤
아름다운
환상의 꽃을 피웁니다
감히 누구도 흉내 낼 수 없는

꽃을 가꾸는 나도
날마다
이것을 먹고 삽니다
환상의 꽃을 나누기 위하여

어젯밤에도
당신은
묵묵히 일하였습니다
영롱한 물방울을 선사하기 위하여

신선한 아침 공기를 타고 오는
작은 수정 물방울은
당신의 사랑입니다

벌레 우는 밤

한여름 밤
숲속의 벌레들 노랫소리
어찌나 우렁찬지
폭포수 아래 앉아 있는 듯
가슴이 시원해져요

정확한 리듬
틀림없이 지키는 쉼표
약속된 코드로 부르는 노래
밤새도록 주고받아도
지치지 않아요

단조로운
아침의 벌레 소리와 달리
밤의 벌레 소리는
음악의 문외한에게도
아름다운 합창이지요

서로 볼 수 없는 어둠 속에서
무서워 말고
외롭지 말라고
창조자가

선물로 준 재능인가 봐요

계절의 마지막 노래
벌레 우는 밤이 지나고 나면
화려하던 콘서트 회상하며
지나간 여름
그리워 하겠지요

반딧불이

견우직녀 만나는 칠월 이때쯤이면
하늘의 작은 별
지상의 짝 찾으려
반딧불로 내려 오네

한여름 초저녁
어두움이 깃들면
날아다니는 불꽃의 행렬

여기저기 녹색 호롱불 들고
재주부리며 임 찾는 네 모습

동에 번쩍 서에 번쩍
불을 밝히니
누군들 쳐다보지 않으리

다가오는 듯 멀어지는 듯
신비하게 투명한 너의 불꽃
밤이 깊어 질수록
어찌 훤하게 타오르던지

사랑하는 네 마음이 너무 아름다와서
아직도 기다리기만 하는
네 임이 은근히 야속해지네

여름 한낮

태산준령 넘어가는 나그네처럼
꽃밭의 꽃들
힘들어 주저 앉았네

힘들면 쉬었다 가는 나그네와 달리
햇볕 아래서 쉬지도 못하는
꽃을 보노라니
삶의 굴레에 얽매인
인생의 모습 보는 듯

욕심 버리고 나그네가 되어
쉬었다 가는 여정 택하니
여름 한낮도 힘들지 않네

나그네의 길
가고 싶어도 갈 수 없는 때가
곧 따라오면
박넝쿨 그늘 아래서
한여름 맞으리

창문을 여니

상쾌한 여름 아침 창문을 여니
태곳적부터 있었던 숲의 속삭임
나를 매료하네

오랜 세월
이 순간 준비하여
귀를 기울이는 자에게
들려주는 신비한 소리

숲의 바람
비단을 갖고 노는 듯
가볍게 바스락거리며
지친 마음 쉬게 하는 소리

숲속의 나뭇잎들
아침부터 무엇이 그리 좋은지
조용조용 바람과 속삭이며
마음 뛰게 하는 소리

숲속의 나무들
바람을 가볍게 가슴에 안고
마음을 여는 자에게만

들려주는 감미로운 합창 소리

이른 아침 숲속에는
자연이 만든
맑고 투명한 소리
천상의 음악이 흐르고 있었네

폭풍의 계절

낮게 내려앉은 암녹색 하늘
여름날 폭풍 속에서
길고 가느다란 나무
트래피즈 타는 곡예사가 되어
한끝에서 저쪽 끝으로 날아다니며
온갖 재주를 보여주니
나뭇잎은 관객이 되어 박수친다

하늘 끝에서 시작한 바람은
땅에서도 맞장구치고
언덕의 풀밭 위를 몰아 가면
나지막한 언덕에 자리 잡은 풀
엉클어진 머리 빗질하며
필요 없는 몸단장을 한다

성난 바람이
끝에서 끝으로 휩쓸고 가면
흔들리는 풀잎은 파도타기 하는 선수
밀려오는 파도 기다리듯
덩달아 흐느적거리며 때를 기다린다

숲속에서 함께 놀던

새와 다람쥐와 토끼와 노루
어디로인지 모두 숨어버리고
대지에 뿌리 내린 나무와 풀만 남아
폭풍과 맞설 준비를 한다

폭우가 뒤따라오면
고개 숙였던 풀잎과 나뭇가지들
두 손 높이 들고 몸부림치는 모습이
전쟁에 임하는 군사와
다를 바 없구나

오수

긴 여름 한낮
넘어가는
가장 좋은 다리

강바람 솔솔 불어
눈 간질이면
바람 소리 자장가 되어
오수에 빠진다

잠깐 사이
강 건너 피안에 갔다 오니
나 있던 자리 보이지 않고
나 또한 어디로 갔는지 보이지 않으니

잠깐 사이
새롭게 변해버린 나

길고 긴 여름 한낮
넘어가는
가장 좋은 다리

한여름 빗속에서

한여름 빗속에서
가을을 보네

해갈의 단비
이른 아침부터 숲을 적시니
세상이 바뀐 듯

차분히 들어앉으니
이어지는 생각의 끈

비에 젖은 숲속 나무들
다소곳이 존재를 드러내나니

폭염은 어디로 숨고
해맑은 얼굴로 다가오네

가을이 오는 길목
삽상한 기운이 밀려오는데

중년의 나
추수 끝난 농부처럼 안도하는 모습

한여름 빗속에서
가을을 느끼네

가을 오후

남풍으로 따뜻한 가을날 오후
덤으로 얻은 시간 같아라
마음도 푸근해져
가을의 한가운데서
가을의 공기를 마음껏 삼키노라

집 바깥으로 끌어내는 힘
봄날의 흔들림이 아니라
조용히 관조하게 하는 힘

벽에 드리운 나무 그림자가 말한다
삶이 바로 그림자라고
허상에 마음 두지 말라고
숲속에 앉아 삼림욕으로
남아 있던 세속적 욕망을 씻어내린다

푸른 하늘에 펼쳐있는 구름자락
싸리비로 쓸어낸 마당 같구나
네 마음 알고파
평상 같은 지붕에 누워
가을에게 말을 걸어본다

한 번도 해보지 않은 행동을 하게 하는 힘
알 수 없는 마력에 취해
오는 겨울을 내다보지 않으며
이 순간만 향유하리라

가을 풍경

떨어진다, 우수수
낮은 곳을 향하여
아무런 저항도 없이
숲속의 땅으로 떨어진다

떠나간다, 너를 위하여
세상을 보게 하였던
햇빛과 비에게
품어주었던 나무에게 감사하며

날아간다, 휘어얼
바람 따라
천천히 빠르게
춤을 추며 날아간다

돌아간다, 빙글빙글 돌며
왔던 곳으로 돌아간다
다시 올 나의 분신을 위하여
내 몸을 땅에게 준다

비장한
마지막 춤

가을 앞에서

북쪽에서 불어오는 서늘한 바람
하루 사이에
가을을 업고 성큼 다가왔다

바깥으로 부르는 소리
가슴을 열고
바람을 맞는다

아련한 유년의 기억
두 팔 벌려 잠자리가 되던
조그마한 계집아이

비행기가 되어
높은 하늘로 날던
꿈 많던 소녀

바람 타고
파란 하늘로 비상하던
자유로운 한 마리의 새

바람결에 다가오는
당신의 숨결

그 이름 그리움

겨울 풍경 1

추운 겨울
새조차 찾지 않는 적막한 숲속
그대는 앙상한 나뭇가지 그림자로
내 집을 찾아오네

봄 여름 가을의 성장(盛裝) 모두 벗고
본래의 자태로 나타난 그대
보기만 해도 가슴 설레게 하니
그대에게 나의 진정을 보이고 싶구나

낮에만 있다가 간다 하여
내 마음 졸이게 하더니
나뭇가지 끝에 밝은 달 떠오르자
오늘 밤에는 되돌아 오네
그대도 이곳이 좋은 게지

낮이나 밤이나
시시로 모습 변하며 즐겁게 하는 그대
달빛 아래에선 더욱 화려한 그대
하루 종일 그대와 함께 할 수 있어
오늘은 가없이 행복한 날

추운 계절
그대로 인하여
마음이 따뜻해지네
겨울이 다 갈 때까지
마음껏 그대와 함께하고 싶구나

겨울 풍경 2

백자 항아리로 오는 보름달
앙상한 나무 가득한 숲을 덮으면
가득 찬 달빛 정기에
잠 못 이루네

고요한 숲의 끝
집 뒷마당에 라쿤이 앉아 있네
얼마 후 그 자리에 여우가 와 앉더니
다시 라쿤이 제 자리를 차지하고 있네
그들도 오늘은 잠 못 이루어 숨바꼭질하고 있나

매서운 겨울새도 비껴 나는 보름달
이태백이 놀던 달도 아니고
황진이 임 그리던 달도 아니고
옛 문사들 시흥을 돋던 달도 아니고
북방 육진에서 김종서가 보던 달
한산도 수루에 앉아 이순신이 보던 달
간도에서 부끄럼 없이 살기를 바라던 윤동주의 달

보름달이 기울고 또 차듯이
모든 것 영원한 것 없으나
달은 언제나 존재하는 것

달 밝은 겨울밤
잠정적인 것에서 영원을 찾는 마음으로
잠 못 이루네

겨울바람

멀리서 바람이 몰아오는
폭넓고 낮은 소리
온 하늘에 가득 차네

나무들도 혼이 있어
함께 기도하는 소리
손 들어 구원을 합창하니

앙상한 나목의 가지들
바람과 어우러져 만드는 소리
피아노와 포르테로 긴장감 주며
순간의 조용함으로 절정을 이루누나

멀리서 기차가 달려오듯
지진이 일 듯
대지가 진동하는 소리
내 마음에 바람이 일고
영혼에도 광풍이 포효하고

멀리서 불어오는 바람에
구름도 갈 곳이 급한 듯 흐르고
새 떼도 어딘가로 떠나 버리니
나그네의 마음도 부산하게 하누나

하얀 눈송이

하늘에서 내리는 하얀 눈송이
끝없이 날고 싶어 하는 우리의 마음
사뿐히 날아서 나뭇가지에 앉으면
나무들은 저마다 축제를 준비한다

움츠러진 마음을 풀어
푸근함에 젖게 하고
시간을 멈추어
오로지 그대에게만 관심을 쏟게 하나니

하늘에서 내리는 하얀 눈송이
춤추고 싶어 하는 우리의 마음
하늘하늘한 날개옷으로 세상을 덮으면
모두가 동심의 축제로 달려간다

눈꽃으로 장식한 신비한 그곳에는
세속의 축제와 달리 시끄러운 소리 없으나
마음에서 마음으로 전하는 소리
겨울이 봄에게 여름에게 가을에게 전하는 소리
온통 귀를 기울이게 하네

하늘에서 내리는 하얀 눈송이
우리의 마음을 채우는 만나이어라

눈 덮인 숲

지난밤
소복이 내린 숫눈
나뭇가지마다 흰옷으로 치장하면
온 숲은 은빛 세상

끝없이 펼쳐진 순백의 세계는
강한 흡인력으로
보는 이를 끌어들이나니

섬세히 이루어진 균형
부서질세라 기침도 못 하고 숨죽이네

때마침 부는 바람
흩어지는 눈 자락
부옇게 날아가는 네 모습
안타까운 마음뿐

순간마다 재구성되는 풍경
순간이 아름답기에
순간이 귀하고
순간을 즐기려 하네

위축되는 계절
겨울이 주는 최상의 선물
눈 덮인 숲

모든 질서는 아름답다

자연은
창조자의 메신저

그의 세계를 보라 하네
나뭇잎에서
나뭇가지에서
눈 녹는 지붕에서도

무엇이 있는지 보라 하네
포장지로 고이 싸 감추어 놓고
보물찾기하듯 찾으라 하네

내가 그린 설계도가 아니었기에
수십 년을 찾다가 집에 와 보니
찾던 모형 바로 내 앞에 있었네

보이지 않는 질서로 휘감아 놓고
자연처럼 살라 하네
피조물인 나
자연과 하나이어라

나도 창조자의 뜻을 전하는 메신저

겨울 아침에

간밤 소리 없이 지붕에 내려앉은 서리
아침 햇살 받아
찬란한 보석이 되었네

해가 솟으면 사라질 순간의 아름다움
마음 깊이 간직할 뿐
안타까와하지 않으리

잠깐이라도
보석 같은 자태를 가질 수 있는 것은
떠오르는 해가 있기 때문

커튼을 열면
나의 작은 공간에 살포시 들어와
온 방을 채우는 아침 햇살

아침마다 찾아와도 늘 반가운 손님
감싸주는 햇살로 시작되는 하루

소망의 한때를 가질 수 있는 것은
떠오르는 해가 있기 때문
내 안에도 떠오르는 해가 들어와 있네

폭설이 내리던 밤

하늘이 구멍 난 듯
하얀 눈을 쏟아 놓아
백색으로 온 땅을 덮던 밤이었나이다

거센 바람도 함께 부니
온 세상 뿌옇게 변하여
지척을 가릴 수 없었나이다

전기마저 나가니
추위에 벌벌 떨고
굶주림을 걱정하게 되더이다

허벅지까지 빠지는 폭설
누구도 오갈 수 없었으니
고립이 무엇인지 배웠나이다

호롱불 켜던 시절
두메산골 오두막에 살던
노부부의 모습 떠올랐나이다

그 시절을 살던 이들의
준비성과 지혜에도 미치지 못하는

현대인의 나약함 깨달았나이다

밤은 점점 깊어 가고
눈도 더욱 깊어지고
두려움도 차츰 깊어지는
백색 테러의 밤

오직 의지할 것은 빛이었나이다
창조자 당신이 주신 빛

아기 나무

숲속 오솔길 가장자리
이름 모를 아기 나무 한 그루
너무 작아 벨까 말까
수문장 삼아 서 있게 두었더니

한여름에는
선녹색의 파라솔이 되어 주더니
추운 겨울이 와도 떠나지 못한 채
마른 잎으로 떨고 있네
할 일이 남아 있다는 듯

겨울바람 강약에 따라
달라지는 다양한 모습
허밍버드의 날갯짓
투투 입고 춤추는 발레리나
트릴을 치는 피아니스트의 손가락
아름다운 음악 들려주려 했나

깊은 겨울
저녁 시간이면
부엌 벽에
황금빛의 그림자로 깊이 들어와
나와 식탁을 함께 하자고 하네

안개에 젖은 날

안개에 젖은 아침
형상조차 찾기 어려운 숲에서는
창조의 세계가 보입니다
조용히 기다리는 나무들의 모습에서
태초의 세계가 보입니다

모든 것이 혼돈하였으나
새 질서를 이루던 시간 속으로
심연을 헤엄치듯 들어 가면
창조자가 보입니다

안개에 젖은 아침
눈보라 몰아쳐 올 때 같은
하얀 세상 속으로 들어 가면
내가 보입니다

안개가 찾아온 날은
자신을 보게 하는 축복의 날입니다

2
숲에서 사색하다

고독에 대한 단상 1 / 고독에 대한 단상 2
시간 안에서/ 상처 받았을 때 / 슬픔이 있는 자여
비 오는 날에는 / 생존의 현장 / 절규
전등을 끄니 / 생강 껍질을 벗기며
오늘도 무언가를 찾는 여자 / 불면의 밤
오작교 / 녹색의 정원 / 너를 안고 있으면
행복 / 그림자 / 산책길 1 / 산책길 2
아련한 그리움

고독에 대한 단상 1

소파에만 앉다가
마룻바닥에 앉아 본다
창밖의 숲이 더 정겹고
고향에 온 듯하다

내쳐 마룻바닥에 누우니
숲속의 나무들 갑자기 커져 와
침엽수 수림에 들어와 있는 듯
끝이 하늘에 이른다

땅에 가까이 갈수록
나는 작아지고
숲의 나무는 커지고

땅에 가까이 갈수록
포근히 안아주는 느낌

땅과 조금 더 가까이 살았더라면
외로움과 싸우지 않았으리라

고독에 대한 단상 2

언제부터
고독했을까

언제부터
땅과 멀어졌을까

옛날 옛적
인간이 서서 걸어 다닐 때부터
땅과 멀어지기 시작하지 않았을까

걸음마를 하면서
멀리 볼 수 있었고
빨리 걷게 되면서
타인에게 군림하려 하지 않았을까

걸음마를 배우지 않았더라면
우리 안에 죄가 들어오지 못하지 않았을까

걸음마를 배우지 않았더라면
우리는 고독이 무엇인지 모르지 않았을까

시간 안에서

시간이 없었더라면

시간이 무엇인지 몰랐으니
시간에 매이지 않았으리라

과거도 몰랐으니
기억도 추억도 없고

미래라는 말도 몰랐으니
설렘도 기다림도 없었으리라

시간의 흐름이 있기에

추억을 소유하고
기다림의 미학을 배우고

유한한 존재임을 알게 되고
미래를 위하여 살며

시간 안에서 모든 일에 순응한다
아주 겸손히

시간이 없었더라면
창조자가 되려 하였을 것

시간 안에서
시간을 초월한 세상
그리며 살다

상처 받았을 때

상처 받았을 때는
한 마리 작은 새가 되어
숲속에 새 둥지 틀고
아무도 찾지 못할 큰 나무에 집 지어
나무 속으로 피하고 싶다

상처 받았을 때는
숲속의 나무 뒤에 숨어
이웃과 적당히 떨어져 있어 외롭지 않으나
간섭받지 않을 곳에 있는
나무 사이에 살고 싶다

상처 받았을 때는
한순간에 모든 상처 씻기어 주고
그의 높은 길에 다니게 하는
나의 위로자가 기거하는
나무와 살고 싶다

상처 받았을 때는
위로가 필요한 자들이 찾아오면
무언의 말로 다 들어 주며
내 사모하는 자와 교통케 하는

나무와 하나가 되고 싶다

상처 받았을 때
갈 곳을 알고 있는 나
창조자의 축복받은 딸
묵묵히 자기 할 일을 하는
숲속의 나무가 되고 싶다

슬픔이 있는 자여

힘들면 힘들다고 말하자
약해서가 아니라
강하기 때문에 우리는 정직할 수 있나니

약하고 아무 형태도 없는 물이
그랜드 캐니언을 만들었듯이
약해 보이는 우리가 강하게 설 수 있나니

굳건히 서기 위하여
이 순간 감정에 충실 하자

우리가 모든 감정을
느끼는 대로 표현할 수 있다는 것이
얼마나 큰 축복인지

어렵거나 힘들 때
힘들지 않은 척하는 것은
창조자에 대한 도전이 아닐까

창조자의 뜻인데
그게 아니라고 슬퍼한다면
이것도 창조자에 대한 도전이 아닐까

오직 창조자의 뜻을 따를 뿐…

마음껏 힘들어하자
마음껏 슬퍼하자
그리하여 창조자가 기뻐하시는
자녀가 되자

비 오는 날에는

비 오는 날에는
마음껏 울자

비록 젊은 시절처럼
조국을 위해 울지 못한다 해도
그리운 시간과 공간을 생각하며
마음껏 울자

지나간 아픔과 상처
누구도 모르게
비와 함께 씻어 버리며

아직도
울 수 있다는 사실에
위로받는다

비 오는 날에는
좋은 시를 읽자

잠자던 오감을 다시 깨우며
온몸의 땀구멍까지도 열리어
자연이 주는 모든 것을 흡수하게 하는

좋은 시를 읽자

시인의 마음과 하나 되어
영혼을 전율케 하는
한 편의 시에
하루가 행복하다

생존의 현장

하얀 꼬리를 곧게 세우고
바람을 가르며 날아간다

순하기만 하고
급한 것 없는 친구라 여겼거늘
무엇엔가 쫓겨 날아간다

생사의 기로에서
비명조차 내지 못하고
허공을 향해 후다닥 날아간다

하얀 부채로 몸을 가리며
숲을 채우는 한 무리의 사슴들
우아하게 부채춤을 추듯 날아간다

살기 위한 필사적 뜀박질이
어찌 그리 아름다운지
눈앞에 아른거린다

생존의 현장은
몸부림치는 모습조차도
아름답다

절규

조용한 아침

찢어지는
외마디 소리

깜짝 놀라
하늘을 본다

까마귀가 저보다 덩치 큰 녀석을 쫓고 있다
사력을 다해 도망치는 카나디언 오리

까만 까마귀
악의 세력으로 다가오며
온 하늘이
핏빛으로 물들었다

피비린내가 진동하는
처절한 약육강식의 현장

이른 아침 세상을 흔든
카나디언 오리의 비명
생존을 건 절규

전등을 끄니

전등을 끄니
방안 가득 찾아든 금빛 달빛

진작 나의 창가에 다가와
자기 모습 나타내었건만
보지 못하였네
나의 방이 어두워질 때까지

아름다운 자태 자랑하며
나뭇가지 사이로 찾아왔으나
반겨주지 않아 섭섭하였겠다

내가 보지 못하는 것이
어디 너뿐이었을까

무심한 속에서
아름다운 사람
보지 못하고 지나쳐 버렸네
고독이 찾아올 때까지

어둠에 있어야 보이는 것
존재의 소중함을 이제야 깨닫네

생강 껍질을 벗기며

구불구불 자란
생강의 껍질을 벗겨낸다

반듯이 자라
벗기기 쉬운 곳만 베어내고 싶지만

많은 부분 버려야 하니
살림하는 여자 힘들어도 인내한다

마디마디로 연결된
깊은 골진 속까지 파고 들어간다

마디와 마디가 만나는 곳마다
사연이 있고 고통이 있어
다가가기 싫지만

그 골에서 현실을 본다
나를 본다

톡 쏘는 생강에도
삶이 있네 소우주가 있네

오늘도 무언가를 찾는 여자

오늘도

해안선 따라
무언가를 찾는다
조개껍질도 보기 힘든 바닷가에서

깊은 바닷속으로
잠수한다
진주 품은 조개라도 캐려는 듯

추수한 넓은 들판을
살피며 걸어간다
마치 낟알이라도 주우려는 듯

산꼭대기로 오르며
사방을 둘러본다
허공 속에 잡을 것이라도 있는 듯

오늘도
무언가를 찾는 여자
무엇일까, 어디에 있을까

불면의 밤

잠 못 이루는 밤
커튼을 열고
달빛조차 없는
어둠에 싸인 숲을 보게 하지요

한밤중
신비로운 세계에서
사모하는 임과 조용히 만나
긴 이야기 나누는 시간

불면의 밤
정지된 듯 하나
움직임이 있는 곳
빛이 없으나
빛을 보게 하는 곳

시공을 넘나들며
잠시 여행 다녀오니
사로잡혔던 마음 어디로 가고
새 사람으로 돌아오는 시간

축복의 시간…

오작교

그리움과 그리움이 한 줄로 이어지고
기도와 기도가 한 길로 이어져
만나는 은하(銀河)의 다리

환희의 시간
눈물의 강 위에 떠 있는…

이 저녁
지난 그리움 사라지고
염원하던 기도 완성되지만
또 다른 그리움이 피어나고
새 기도가 시작되는 곳

만나고 헤어지고 다시 만나는 삶 속
그리움이 자라 사랑이 되고
기도가 이루어져 그리운 임
직접 얼굴로 보는 다리

환희의 날
은혜의 강 위에 떠 있는…

우리는 모두
견우와 직녀가 되어
오작교 바라보며 이 땅에 살고 있네

녹색의 정원

꽃이 피어나는 소리
네가 온다는 소리
성큼 다가온 봄
내 안에 가득하고

연녹색 잎이 숲을 덮듯
싱그런 빛 마음에 넘쳐
네 올 날 손꼽아 기다리네

보고 싶은 너
옆에 두지 못하고
대륙의 양단에 떨어져 살며
그리는 어미의 마음 어찌 알랴

너의 행복을 위하여
밝은 태양 아래 살게 하고파
그리움을 홀로 삼키네

너의 존재는
사월의 봄이 선사하는
상큼한 녹색의 정원

너를 안고 있으면

너를 안고 있으면
나는 온 세상을 안고 있네
너에게 나는
온 세상이니

작디작은 네가
신비한 여행 끝에
나의 삶에 찾아와
온 세상을 선물로 주네

너를 안고 있으면
너의 작은 가슴이
나의 가슴 속에 파고들어 와
함께하는 박동의 힘으로

미지의 길을 찾아
새로운 여행을 시작하네
이미 온 세상을 갖고 있으니
어딘들 가지 못하랴

너를 안고 있으면
너의 미소에

너의 숨소리에
너의 작은 소리에 귀 기울이며

고백한다
나의 작은 신음도 들으시는 분이시여
지금도 나를 안아주시는 당신은
나에게 온 세상이십니다라고…

* 외손자 Charlie를 안고 쓴 시

행복

깊은 숲속 나뭇잎 뚫는
햇빛처럼 들어와

머리카락 헤치는
바람결처럼 스쳐가지요

햇빛을 잡지 못하듯
바람도 잡지 못하나

내 안에 들어오면
한순간에 가득 차지요

그림자

지난여름
참으로 행복하였어요

매일 아침
당신이 함께 해주어서요

당신은 그림자
내가 주인이라 소리도 쳤지만

나를 떠나지 않고
항상 내 곁에 있어 주었어요

어느 한순간
마치 나인 양 느꼈어요

멋진 당신의 모습으로
나르시스가 되기도 하였어요

산책길 1

아침 햇살 맞으며
편안한 운동화 차림
가벼운 걸음으로
집을 나선다

푸른 하늘에겐 큰 호흡으로
집집의 화초에겐 미소로
자라는 나무에겐 감탄을 보내며
동네 한 바퀴 돌고 온다

새들에게도
길에서 보는 이웃에게도
어제와 같은 인사를 하며
세상 한 바퀴 돌고 온다

호기심 없는 것 아니지만
한 번도 가지 않았던 길
갈 엄두도 못 내고
같은 길을 걷는다

매일 같은 길 걷지만
매번 다른 모습으로 다가오니

산책길
인생의 길과 다를 바 없네

하루 중
가장 행복한 시간

산책길 2

이 길은 익숙하다
눈을 감고
발길 닿는 대로 따라가면 된다

이 집 근처에서는
까마귀가 시끄럽게 인사하고
삽살이도 요란스레 짖는다

여름, 그 집 앞에는
이름 모를 꽃들이 만개해
모네의 꽃밭을 연상케 한다

겨울, 저 집에서는
벽난로에 나무 타는
쌉싸래한 냄새가 온 동네에 퍼진다

아마도 나는
계속 이 길을 걸을 것이다
이곳에 사는 동안에는

애당초 내 것이 아니었으나
내 것이 되어버린 산책길
나도 그 풍경의 일부가 되었다

아련한 그리움

눈이 쌓이듯
그리움이 쌓이고
눈이 온 대지를 덮듯
그리움이 내 마음을 덮습니다

아득한 옛날
이곳에 살던 이가
다음 시간을 살아야 할 자에게
두고 간 유산인 듯 싶습니다

해 뜨고 바람 불어
눈으로 단장한 나무들
미련 없이 덮인 눈을 흩어버리니

그리움도 흩어져
하늘로 올라가
양털같이 가벼운
하얀 구름이 됩니다

파란 하늘 보노라니
지금 사로잡힌 아련한 그리움은
다가올 시간을 사모하는 그리움인 듯합니다

중간에 있는 삶(Life in between)

3

지난날을 회상하다

추억 1 / 추억 2
어린 시절 1 / 어린 시절 2 / 어린 시절 3
어머니 / 아버지 / 젊은 날의 회상
비 오는 날 / 회전목마
음악상자 / 해 질 무렵

추억 1

사랑하는 자여
내가 바라는 것은 당신과
시간과 공간을 공유하는 것

함께한 순간들
귀중한 추억
만들어 가는 작업이지요

꿈을 나누던 모든 순간들
지우려 해도 지울 수 없고
가슴에 화석처럼 남아 있지요

힘든 세월이 오면
추억 속에서 힘을 얻으며
굳건히 서길 바라지요

사랑하는 자여
내가 바라는 것은
지금이 미래에 소망이 되는 것

추억 2

급변하는 세상에
변화를 모르는
충직한 너

그때 그 모습으로 응고되어
달콤한 기억으로 남아
영원한 낭만주의자가 되게 하지요

많은 기억 중
유난히 좋은 일만 남아 있는 것은
내 마음이 평안하기 때문일까
작은 행복에 감사하기 때문일까
아니면 그렇게 태어나서일까

오늘도 성실한 너로 인하여
나의 마음이 가득 차 있네
달콤한 날들만 있었던 것처럼

어린 시절 1

휴전선과 그다지 멀지 않은 곳
강원도 신남
외진 시골에
드문드문 관사가 있었고

어쩌다 찾아오는 외지 사람은
방물장사 할머니나
떡장수 아줌마여서
떡 먹던 날은 특별한 날이었지

논둑 따라 한참 걸어가며
메뚜기 잡아서
기름에 볶아 먹으면
참 고소하였더랬어

여기저기 널려있던
쑥 뜯었던 기억
시간 가는 줄 몰랐네
지금까지도 자신 있게 구분할 수 있는 풀

네 살짜리였던 내가
집에서 기억나는 것은

부엌 일하는 언니가 물길어다 채우던
커다란 배불뚝이 오지항아리

휴전된 지 사 년이 지났어도
전후의 긴장감 어린 내게도 전하여져
오랜 세월 지난 후
미국 땅을 밟고 나서야
공산당의 꿈을 꾸지 않게 되었지

얼마 전 조그마한 멘로파크의 기차역 앞에서
점심을 먹으며 본 광경
기차가 어디서 오고 떠나가니
어린 시절 살던 신남*의
기차역이 연상되었네

일 년 남짓 살았던 듯 싶은데
시골 하면 먼저 떠오르는 곳
지금은 어떻게 변하였을까.

* 신남역은 2002년 김유정역으로 개명,
  관광지가 되었음.

어린 시절 2

집에서 멀지 않은 곳에
제법 큰 냇물이 흐르고 있어
여름에는 아이들과 몰려가
조그만 물고기 잡아
고무신에 담아 놓고
하루 종일 놀아도
어른들 잔소리 없었지

잘 다듬어진 조약돌 중
석필 만든다고 예쁜 것 골라서
집 마당 한 귀퉁이에 심어놓았었지
석필로 글을 쓴 기억은 없네

강원도 시골뜨기
대구의 유치원에 들어가 만난 친구들
아기 예수와 마리아도 있었지
성탄절 연극에 마리아 역을 하고 싶었지만
나한테 차례가 오지 않았어
동정녀가 중요한 인물인 줄 알았었나 봐

대구 중심지에 있는 초등학교에 막 들어간 나
학교생활은 기억에 많지 않으나

하굣길에 울리던 사이렌 소리
한낮이 지루하다는 듯 정적이 빨아들이고
갑자기 조용해진 길거리에서
혼자 떨어져 나온 것이 두려워
집으로 가는 발걸음을 재촉하였지
왜 사이렌이 울어댔는지 기억에 없네

훗날 찰스 브론슨이 나오는
'옛날 옛적 서부에서'라는 영화 장면 중
서부의 적막감에 찬 거리를 보며
사이렌이 울리던 대구 거리가 떠올랐지

어린 시절 3

대구 시골뜨기 서울로 올라와
서울깍쟁이로의 변신 쉽지 않았어
우선 사투리부터 고쳐야 했으니까

집 근처에 개천이 있어
옛 살던 동네처럼 친근감을 주었지
개천 따라 초등학교 다니던
어느 날 방과 후
사람들 모여 있어 가보니
누가 아기를 버렸다고 웅성웅성
나도 개천 아래까지 내려가 보았지

개천 따라 혜화동 로터리까지 가서
동생과 그림도 배웠지
나중에야 그 개천이 대학천이고
센 강으로 불린다는 걸 알았지
지금은 복개돼 대학로가 되었지만

몇 년 전 대학로를 갔다가
아직도 이화장이 있나 가 보았지
가까스로 버티고 있어
어렴풋이 옛 기억 돌아오게 하였네

여름방학 식물채집 숙제한다고
하루 종일 낙산에 올라가 헤매다가
주인 없는 이화장 담을 뛰어넘어가도
말리는 사람 없는 놀이터였더랬어

그때는 어떤 나무가 옻 오르는지 알았는데
이제는 구분 못 하는
서울깍쟁이도 아니고
어중간한 이방인이 되어 버렸네

어머니

구순을 바라보는
어머니
손에 들린 일본어 시집
읽으시는 얼굴에
꿈 많던 십 대의 소녀가 아련히 보인다

아버지 먼저 떠나시고
혼자 어려운 세월 보내지만
딸에게조차도 힘든 내색 안 보이고
감정을 절제하는 모습
정정하시던 오십 대의 의연함이 느껴진다

어찌 몸이 힘들지 않으시랴만
굳건히 서서
날마다 사랑하는 자식들 생각에
모든 것을 감수하신다

나도 내 딸에게
그러한 어머니로 보이고 싶다

아버지

책장을 넘기다 보니
오래전부터 갖고 있던
빛바랜 책갈피가 보이지 않는다

항상 그 자리에 있어
그저 하나의 책갈피로 여겼는데
보이지 않으니
갑자기 다른 의미로 찾아왔다

1964년 도쿄올림픽에서 사 오신 책갈피
아버지 생각나게 하는 유품이었기에
애틋한 감정이 서려 있었나 보다

마치 아버지를 잃어버린 듯
정신없이 찾다 보니
찾아낸 것은 책갈피로 이어진
아버지에 대한 추억과
나의 유년 시절이었다

젊은 날의 회상

겨울바람
어디선지 모르게 왔다가
텅 빈 들판으로 씽씽 불며 달아나더니
봄이 오니
그 힘 다 어디에 소모하고서
나에게 다가와 살랑거리네

겨울바람
온 세상 두루두루 휩쓸며
엄동설한 강추위 기승을 부리더니
다시 돌아와선
봄이 왔으니
세상 구경하라며 설레게 하네

겨울바람
막으려고 해도 막을 수 없던
맹수 같던 힘 다 어디에 소진하고
산들바람으로 조용히 돌아와
살랑거리네

아! 계절이 바뀌었네

비 오는 날

집 안에 앉아
물안개 핀 숲을 관조하며
과거로의 여행을 떠난다

비가 오면
아빠가 사 오신 빨간 비옷 입고
집을 뛰쳐나가곤 하였지
광화문으로 비원으로
선무당처럼 헤집고 다녔던 날들

앞이 안 보일 정도로 쏟아지는 빗속을 거닐다가
찻집에 들어가
한잔의 커피와 마주하면
제일의 낭만주의자가 된듯

지금도 한국에 가면
가보는 길
젊음의 시간이 멈춰 있는 길

비 오는 날이면
빨간 비옷으로 다가오는
아버지 생각

회전목마

1

곱게
꽃단장하고
당신을 기다립니다

당신이 오시면
오르락내리락 세상을 돌며
함께 주유합니다

매 순간
바뀌는 세상
당신의 마음
기쁨으로 가득 찹니다

얼마 후
같은 자리로 되돌아오지만
이전의 당신이 아닙니다

당신의 기쁨
나의 기쁨입니다

2

회전목마 타고 있는
당신을 보노라면
당신의 삶
회전목마와 다를 바 없습니다

삶에서
당신을 붙드는 것은
나눔에서 오는 환희

그 힘이
당신을 강하게 하고
반복되는 고단한 삶 이기게 합니다

돌고 돌아
한 자리에 머물고 있으나
나누어 줌으로써
전진하고 있습니다

기쁨을 나누는 당신
회전목마와 다를 바 없습니다

3

돌고 도는 모습 나 같아서
다가가고 싶어라

회전목마
내 삶의 축소판이러라

4

나는 누구인가
회전목마인가
어느 계절의 회전목마인가
겨울철 문 닫힌 놀이터의 회전목마는 아닌가

나는 회전목마 타는 자인가
회전목마를 탈만큼 순수한 동심을 가졌나
아니면 회전목마를 타는 당신을 보는 자인가
회전목마와 회전목마 타는 자를 부러워하는 자인가
아무것도 하지 않고 사색만 하는 자인가

음악상자

보기만 해도 가슴이 설레곤 했어
아름답게 치장된 상자
처음 보던 기억 지금도 뚜렷이 남아 있네

호기심에 보물 다루듯
조심조심 상자의 뚜껑을 열면
마법에 걸린 듯 끌려들었지

태엽을 감으면 귀에 익은 음률
친구 목소리처럼
꾸밈없는 소리로 사로잡으니

요지경 같은 음악상자
아무리 보아도
어디서 나는 소리인지 몰랐지만
이 세상의 음악은 아니었네

지금도 판도라의 상자 같은
음악상자를 열면 상상의 세계로 돌아가
영원한 희망의 노래를 듣네

해 질 무렵

바쁜 하루를 보낸 태양이
쉬기 시작하면
저 멀리 하늘 끝에도 황혼이 찾아와
자연이 만드는 붉은 빛으로
또 다른 옷을 입고 있네

제 몸을 태우고 하루를 마치면
고즈넉이 어둠이 깃들어
하던 일 멈추고 하루를 생각하네

땅거미가 사위에
안개처럼 살포시 기어들면
바빴던 마음 가라앉히며
우주를 안고 싶은 시간이 되네

이 시간이면
어릴 적 살던 시골
낮 동안 조용하던 인가
굴뚝에 연기 오르는 모습

저녁 짓는 아낙네 소리
아이들 소리

개 짓는 소리
내 마음에 들려오면

그리운 사람을 생각하며
그리운 곳으로 달려가니
푸근한 마음으로 채워져
누구에게나 너그러워지고 싶네

해 질 무렵
하루를 마감하는 시간
오늘 하루가 삶의 축소판으로 다가오고
감사로 끝날 수 있어 감사하여라

4

자연이 속삭이다

무엇을 기다리는가 / 고백 / 순간의 결정으로
빙하가 깎아놓은 절경 / 캘리포니아 하늘을 기리는 시
바다가 나에게 / 마음은 날아가는 연이 되어
시간이 천천히 흐르는 마을 / 자연이 만든 붉은 성채
푸에블로 인디언의 목소리 / 폐허가 속삭이다
무거운 세월을 안고 / 청령포 / 희망의 하얀 절벽
스코틀랜드의 하이랜드 / 노르웨이의 자연이 속삭이다
평안함을 주는 모허 절벽
가슴이 시리도록 푸른 카프리 섬 / 자유로움을 느낀 히에라폴리스
신비의 세계 보게 하는 곳 / 길 중의 길
지금도 살아 숨 쉬는 도시 / 폐허여서 더욱 아름다운 곳
그리스의 상전벽해 / 조명 / 오늘도 나일강은 흐르고 있다

후기

무엇을 기다리는가
― 알래스카의 광야에서

광막하기만 한 땅

너는
거친 바람 속에서
태고부터 있던 그대로
묵묵히 무엇을 기다리는가

작은 나그네의 마음속에
시간이 멈추게 하고
영혼을 흔드는 소리에
귀를 기울이게 하기 위해서인가

자연이 부르는 소리를 듣게 하고
툰드라의 땅에서도
작은 생명이 온갖 모양의 꽃들로
피어나는 것을 보게 하기 위해서인가

양탄자보다 더 푹신한
그 땅에 발을 딛고
푸근한 본향을 그리게 하기 위해서인가

한 번 가보면

그리움으로 다시 그곳을 그리게 하고
나그네의 마음을 흔드는 곳

너는 아직도 그곳에서
영원을 사모하는 사람들을 기다리며
영원을 기다리는가

고백

나에게는 비밀이 있습니다
생각만 해도 가슴이 뛰지요
사랑이라면 사랑이겠지요

한 번 가본 그 땅이 마술을 걸어
나의 가슴이 그리움에
사로잡혀 버렸지요

그 주술 풀려면
훗날 언젠가 알래스카로 되돌아가
거칠고 아득한 광야에 발을 딛고
만년설 덮인 신비의 산 드날리와
온갖 야생화로 모자이크한 울긋불긋한 툰드라와
무스와 캐리보와 곰과 산양과
다시 한번 대면해 보아야겠지요

길도 없는 황막한 땅
나침반 들고 나서면
치유의 길 발견할 것 같네요

그곳의 모든 것 가슴에 담아 오면
상사병이 나을지도 모르겠습니다

순간의 결정으로
―로키산맥 분수령에 서서

처음은 하나였으나
우리의 의지와 상관없이 한 지점에서 갈라져
너는 대서양으로 나는 이곳 태평양으로
각기 흘러나왔네

이곳에서 너를 볼 수 없고
거기서도 나를 볼 수 없겠지

우리의 삶도 처음에는 하나였으나
항거할 수 없는 힘에 의한
순간의 결정으로
서로 떨어져 다른 세상에 기거하게 되었네

세월이 흐른 후
구름이 되어 비가 되어 또 만나듯
우리도 변화하여 하나로 돌아가리라

빙하가 깎아놓은 절경
― 요세미티 계곡에서

빙하로 깎아놓은
창조자의 손길이
이보다 아름다운 곳이 또 있을까

광막하지도 작지도 않은
완전한 절정의 아름다움

멋 부려 반쪽만 잘라 놓은 하프 돔
그 아랫자락에 살그머니 나타나는 조그마한 호수
거울처럼 하프 돔을 반영(反映)하고 있네
저녁녘에 해가 비치거나
달이라도 차오르면
더하여지는 운치

산 계곡에 숨겨 놓은 넓은 메도우
나그네의 마음도 시원하여지네
흐르는 시냇물 사이에서
유유히 풀을 뜯고 있는 한 무리의 사슴 가족

떠오르는 해가 제일 먼저 닿는 곳
거대한 자연석 엘 캐피탄
말없이 우뚝 다가오니

규모에 압도당해 있는 중
여기저기 붉은 나무들 사이로 보이는 폭포들
어서 오라고 온갖 애교를 부리네

곧게 서 있는 거대한 레드우드들
이십 년의 세월을 뛰어넘어 다시 와보아도
예전 그대로의 자태
변화에 당황하는 나그네에게
안도의 한숨 쉬게 하누나

캘리포니아 하늘을 기리는 시

구름 한 점 없는
파란 하늘

단색 물감으로 그려 놓은
눈부시게 푸르고 투명한 하늘

구름으로 가릴 필요 없는
자신만만한 모습
너무도 완벽하여 우리네 인생들 서글퍼라

아름다운지 모르고 발산하는 아름다움
누가 오만하다 할까?

햇빛도 네 앞에서는
특유의 따뜻함 내뿜고 있네

바다가 나에게
―아실로마 비치(Asilomar Beach)에서

푸른 하늘보다 더 푸른 바다
거센 파도를 몰고 온다
나에게 할 말이 있는 듯…

포진을 친 듯 줄 맞춰 밀려오는
하얀 포말의 파도

결사적인 연합군 군함들
오마하 비치에
상륙하는 모습 같다

좋은 날씨에도
쉬지 않고 다가오는 거친 파도들
어디서 시작되어 나에게 오는 것일까.

젊은 날의 모든 힘 소진하고서
네 앞에 조용히 서 있는 나
너에게서 힘 얻어 돌아가누나

힘의 근원 어디서 왔을까?

마음은 날아가는 연이 되어
―하프 문 베이(Half Moon Bay)에서

광대한 태평양 한쪽 끝
반달 모습으로 웅크리고서
거센 바다를 품고
밀려오는 파도를 길들여
찾아온 이에게 안식을 주는 곳

부드러운 미풍
비단옷 자락 두른 듯 온몸을 휘감아 주고
화사한 햇빛은 한여름 얼음 녹이듯
온 마음을 녹이네

서핑하는 젊은이들 파도 타듯
내 마음도 바람 타고
훠얼훨 날아가는 연이 되어
그 끝을 따라가니

파란 바다 끝
멀리 보이는 수평선
마음은 저 혼자 저만큼 나아가
서둘러 따라오라 하네

시간이 천천히 흐르는 마을
― 나파 밸리

두고 온
동부의 습기 찬 여름
어디로 가고

살랑거리는 미풍 아래
포도 넝쿨 자라는 마을 한 자락
장미꽃에 둘러앉으니

포도 열매 풍성하듯
마을 사람들 인심 후하고
여행자에게도 따사함이 전해지는 곳

새벽마다 밀려오는 태평양의 해무
사막성 고온이 만드는 따가운 햇살
영글어 가는 작은 포도알들

창조자가 만든 절묘한 기후
인간이 만든 전원 속
시간이 천천히 흐르는 마을

이곳은 파라다이스

자연이 만든 붉은 성채
―아치스 국립공원(Arches National Park)에서

환상의 나라 꿈속에 다녀온 듯
사방을 둘러보아도
온통 붉은 흙색으로 쌓은 성채

오랜 세월
풍상을 이기며 견디어 나와
이성을 마비시키는 곳

세월을 건너뛰어
동화 속의 천진한 아이가 되는 곳

기괴하게 뚫린 창문과 아치로
살그머니 다가가면
아직도 누군가 부르는 노랫소리
바람결에 들려오는 곳

음악에 잠겨 눈을 감으면
어느덧 다섯 살짜리 여자아이가 되어
에덴의 동산을 거닐듯
즐거움에 흠뻑 젖어 버린다

푸에블로 인디언의 목소리
―메사버드 국립공원(Mesa Verde National Park)에서

1

콜로라도 남서쪽 한끝 건조한 땅
넓고 평평한 땅이 우뚝 솟아 있고
늘 푸른 후니퍼 나무와 식물이 자라
메사버드(녹색 테이블)라 불리는 곳

아주 오래전
책 속에서 만났을 때부터
나의 가슴 속에 들어와 깊숙이 자리 잡은
절벽에 펼쳐진 아름다운 클리프 팰리스가 있는 곳

가장 높은 언덕에 서면 하늘은 더없이 넓고
멀리 뉴멕시코와 애리조나 땅이 코앞에 있는 듯
밤에는 별들이 더없이 가깝게 느껴지는 곳

언제였나, 이 땅에 모여 살던
푸에블로 인디언의 선조들
물이 스며 나오는 절벽의 틈 속에
돌을 쌓아 집 짓고 살았다

13세기를 절정으로 갑자기 역사 속으로 사라져

세인에게 많은 수수께끼를 던지지만
살던 집들이 계곡 여기저기에 남아서
그들 삶의 역사를 말하고 있다

침략자를 피하기 위해
높고 가파른 절벽에 집을 지었는가 했더니
쉽게 물을 구하고
더위와 추위를 피할 수 있어서였단다

절벽에 위치한 유적지를 향하여
가파른 바윗길을 따라 올라가니
여기저기에 사람의 손길과 발길로 파진 홈들이 있고
90도 경사의 사다리를 타기도 한다

그들의 살던 유적지가 없었더라면
아무 의미 없는 사막의 풍경
이처럼 애정이 가는 것은
이곳에 살던 사람들 때문이었다

한번 퇴짜를 놓고
20년을 더 기다리게 한 후에야
자신을 보여준 자존감

기묘하게 아름다운 어떤 자연 경치보다 더 마음이 간다

두어 시간 가파른 트레일 따라 걸어가
바위에 새겨진 그림글자를 만나
그들의 삶을 유추하고자 눈을 감으니
칠백여 년 전 살았던 이가 나에게 속삭인다

2

비록 우리의 환경이 나빴더라도
삶마저 불행했다 생각지 마오
금속을 쓸 줄 몰랐지만
무엇이든 다 만들던 우리는 행복하였다오

절벽마다 여러 세대 모여 살았어도
할머니의 강한 치리(治理)에 따라 질서 있게 살았다오
우리에게도 필요한 지혜는 다 있었고
식물로 약과 옷 그리고 살림 도구도 만들었다오

주변에 흔한 나무와 돌로 집을 짓고
클리프 타워에 올라가 누우면 누구도 부럽지 않았소

높은 나의 집에서 세상을 내려다보면
누구보다도 자신만만하였다오

곡식을 거두어 저장해두고
서클 모양의 키바*를 만들어 안락한 겨울도 준비하였소
한가운데 있는 구멍을 통하여 땅속의 신과 교통하였고
우리를 지키는 시파푸 신은 항상 우리를 돌보았다오

한겨울 온 가족 모두 키바에 모여 보내던 날들은
우리의 역사를 구전하던 귀한 시간이었다오
당신의 문명과 비교하지 마오
값진 것은 가족이 함께한 삶이었다오

*키바(Kiva) : 푸에블로 인디언의 종교의식 거행 건물

폐허가 속삭이다
―경주 황룡사지에서

주춧돌로만 남았지만
찾아오는 이에게 생각하게 하는 곳

너의 전성기 볼 수 없지만
너의 영화 상상케 하는 곳

끌어당기는 자력이 있어
너에게 다가가니
네 안의 숨결 내 안에 들어오는 곳

오랜 풍상 헤치며
지나온 영욕의 세월 끌어안은 채
삶이 무엇인지 말해주는 곳

역사 앞에서
너는 나로 인하여 다시 살아나고
나는 너로 인하여 미래를 산다

무거운 세월을 안고
―양수리 고목 앞에서

잡을 수 없는 시간 속에
스치는 바람을 잡으며
가슴에 맺힌 사연을 안고

지친 영혼 쓰다듬으며
묵묵히 흐르는 강물을 바라보는
당신에게선
세월이 덧보입니다

태양이 주는 따사함을 나누고
비가 주는 윤택을 나누며
세상의 무거운 짐을 나누려

가지마다 구불구불 하늘로 향하여
위에서 오는 것을 사모하는
당신에게선
고뇌가 느껴집니다

당신 앞에 서면
신비한 무엇에 잡힌 듯
소리조차 삼키고

당신 주위를 맴돌며
당신의 세월보다 더
영원한 것을 바라보게 합니다

청령포

육백 년의 한이 흐르는 강
서강 나루터에서 배를 기다리며
깊고 거센 물살을 바라본다

몇 굽이를 돌고 돌다
단애에서 또 한 번 소용돌이를 쳐
섬 아닌 섬이 된 천험의 유형지에
못다 자란 소년의 슬픔이 잠자고 있다

강 건너로 보이는 울창한 송림
단종이 걸터앉아 눈물 흘리는 것을 지켜보았다는
관음송(觀音松)만이 굽은 몸으로
지나간 일들을 말하고 있을 뿐

그림자조차 잃어버린 어린 소년
목을 빼 북쪽 하늘 바라보며
노송에 앉아 무엇을 기원하였을까

소슬바람 부는 가을 아침
가랑비도 소리 죽여 흐느끼고

바람도 그냥 스쳐 지나치지 못하노니

한 맺힌 애사가
남은 자의 가슴을 저미누나

희망의 하얀 절벽
―도버의 화이트 클리프(The White Cliffs of Dover)

폐허가 된
도버 성 자락 아래
하얀 절벽으로 병풍처럼 우뚝 서서
조수에 따라 들락거리는
바다를 보며 무슨 생각을 할까

바닷물 따라
많은 사람들 오갔겠지
각기 다른
그들의 마음 헤아렸을까

네가 있는 곳은
피난처
순례자의 출발지
정복자의 첫 정복지
대륙을 향한 첫걸음지

캄캄한 밤에도
하얀 절벽으로 빛을 품어
자유를 갈망하는 이에게
희망을 주며
찾아온 이에게

안식을 주는 너

오늘 밤에도
묵묵히 하얀 빛을 띠고
예전의 위용 그대로 간직한 채
바다를 바라보고 있다

스코틀랜드의 하이랜드

한여름의 하이랜드는
더할 나위 없이 쾌적하고 아름답다
사뭇 다른 공기가 느껴진다
영국에서 제일 높은 네비스 산이 여기에 있고
커다란 호수는 이곳저곳에 산재해 있다

네비스 산 아래 빙하가 만든 글렌코 협곡
웬만한 계곡보다 더 크고 시원하다
한 번 가면 잊을 수 없는 곳
산 넘어 또 산이 나타나는데
연녹색부터 온갖 종류의 녹색으로 치장되어 있어
아름다움의 극치를 느끼게 한다
이 계곡 사이에 만들어진 도로를 차로 달리면
자연의 품에 안긴 포근한 느낌이다
잠시 차에서 내려 안쪽 트레일을 걷는다
협곡 안에서 걷노라니 가슴이 두근거린다
마음을 빼앗겨 버린다
계속 걷고 싶다
이런 길을 걸어볼 수 있다는 것에 감사한다
천국 가는 길이 이러하면 얼마나 좋을까
약간 높은 곳에 있는 트레일을 걷는 여행자들이 많다
언젠가 나도 그 길을 걸어보고 싶다

곧 트로삭스 국립공원에 도착하여
하늘보다 더 파란 로몬드 호수에서 배를 탄다
옆으로 로몬드 산을 지나가니
이곳을 배경으로 한 민요가 생각난다

호숫가에서 로몬드 산 위로 떠오른 달을 보며
사랑을 속삭이던 젊은 남녀의 슬픈 이야기
남자는 자코비츠 반역에 가담하여
잉글랜드로 끌려가 죽음을 맞이한다
살아남은 자들은 '높은 길'로 돌아오지만
그는 영혼만이 다니는 '낮은 길'로 돌아온다
영혼이었기에 살아남은 자들보다 더 빨리 돌아왔지만
옛 연인을 만나 볼 수는 없었다
그에게는 더 이상 육체가 없었기에…

스코틀랜드 가톨릭 왕당파들과
잉글랜드 국교도 왕들의 싸움
왕당파 편이었던 자코비츠 반역은 몇 번 일어나지만
잉글랜드의 승리로 끝난다

그중 한곳이 글렌코에서의 대학살이다
이러한 역사적 사실을 모르고 글렌코를 방문하였다

알았더라면 나의 첫인상은 상당히 달랐을 것이다
피 묻은 장소가 너무 아름답다
가슴이 저민다

스코틀랜드와의 첫 만남은
오래전 멘델스존의 '스코티쉬 교향곡'을 들었을 때였다
음산하고 어두운 곡
어딘지 신비한 구석도 있다
폐허로 남은 성들 때문이라 생각하였는데
아름다운 경치에 둘러싸인 하이랜드에서 일어난
슬픈 역사 이야기가 배경이 되어 그랬나 보다
아름다운 경치와 대조되기에 더 슬프다
사뭇 다른 공기가 느껴졌던 이유일까?

한여름의 하이랜드는
사람의 마음을 잡아끄는 힘이 있다
다시 오라고 부른다

노르웨이의 자연이 속삭이다

오늘은 날씨 요정의 기분이 좋은가 보다
그제 밤부터 오던 폭우가 그치고
청명하다

송네피요르드에서 크루즈를 탄다
빙하가 만든 계곡에 물이 흘러 들어와 만들어진
세계에서 두 번째로 길고 깊은 피요르드이다
거대한 산들이 파란 하늘을 배경으로
줄지어 나타나는데
푸른 물 위에 겹쳐서 반영되니 또한 절경이다
잔잔한 물 위에 떠 있는 산들은
각기 다른 모습을 자랑하니
몇 시간을 보고 있어도 새롭기만 하다
조그마한 마을이 피요르드 끝에 나타나기도 한다
멋진 자연과 함께하는 마을이 그림처럼 아름답다
이곳에 사는 사람들
자연과 대화하며 위로받으며 행복하겠지…

플롬에 도착한 후 산악열차를 탄다
산을 타고 올라가며 창가로 지나가는 풍경들
지그재그로 만든 길
어둡게 보이는 깊은 숲들

높게 솟아 있는 산봉우리들
가파르고 좁은 계곡 속의 웅장한 폭포들
거칠어 보이는 북극 자작나무들
트롤이 살기에 딱 맞는 곳인 듯하다

창조자가 만든 자연 속
인간이 만든 트롤
그래서 불완전한 것 투성이
덩치만 크고 어리석거나 교활한 모습

쳐스폭포 역에 잠시 선다
생각과 전혀 다른 트롤이 나타난다
금발의 아름다운 여자 요정이다
그녀의 이름은 훌드라
곧게 뻗은 나무들 사이에 살다가
인간이 보이면
붉은 드레스를 입고 폭포 옆 큰 바위 뒤에서 나타나
노래 부르며 춤추며 다가온다
트롤의 초자연적 능력으로
매혹적인 모습을 하고 남자들을 유혹한다
엉덩이 뒤에 있는 소의 꼬리를 감추고…
훌드라를 쫓다 보면 길을 잃게 되어

다시 돌아오지 못한다고 한다

노르웨이 사람들은 왜 트롤을 만들었을까?
자연이 속삭인다
내가 트롤을 만들었다고
내 안에 품어 놓았다가 내어주었다고
긴 겨울을 보내는 그들에게 주는 선물이었다고…

평안함을 주는 모허 절벽(Cliffs of Moher)

자연이 만든 거대한 절벽이
바다에서 수직으로 우뚝 솟아올라
파노라마식으로 지그재그 끝없이 연출하며
아름다움을 자아낸다

오늘도 대서양을 안고
거친 바람과 물결을 맞으며
제 자리를 지키고 있다

절벽 위를 걸으면
부딪히는 파도가 만드는 깊고 큰 소리
몸이 흔들릴 정도로 세찬 바람이 느껴진다
절벽 가장자리에서 긴장을 늦추지 않고
구불구불한 해안선을 따라 걷는다

모진 바람 속에서 자라고 있는 이름 모를 야생화들
절벽을 서식지로 삼은 새들도 보인다
절벽 안쪽 넓고 평평한 목초지에는
양 무리들이 풀을 뜯고 있어
전형적인 아일랜드의 목가적인 풍경이다.

약간 오르막길인 반대쪽의 트레일도 걷는다

사진에서 많이 보던 모습이다
중세 시대 스타일의 타워가 있어 점입가경이다
인공물이 자연을 더 아름답게 만들기는 쉽지 않은데…

특이한 자연을 가진 이곳은
많은 전설과 신화가 태어난 곳
그 전설 중 하나가 나의 눈길을 끈다
바로 '나무꾼과 선녀'의 이야기가 이곳에도 있다
여기서는 '어부와 인어'로 바뀌었지만
우리와 정서와 비슷한 점이 많다

타워에서 대서양을 바라보니
미지의 세계에 대한 갈망이 느껴지고
예이츠의 시가 떠 오른다
영원한 삶이 있는 곳을 찾기 위해 항해하던 그
지금은 안식을 찾았겠지…

양 떼들이 풀을 뜯고 있는 목초지가 주는 풍요로움
넓게 펼쳐진 아름다운 절벽이 주는 시원함
깊게 울리는 파도 소리가 주는 위로
세찬 바람은 세속적 생각을 씻겨 주고
화창한 햇빛은 행복한 감각을 불러일으킨다

절벽에 서 있노라니
마음속 깊은 곳에 평안함이 찾아온다
자연이 나의 영혼을 정화 시켜 주는 듯하다

가슴이 시리도록 푸른 카프리 섬

레몬 향기가 날리고
사랑의 노래가 가득한
소렌토에서

짙푸른 바다 위에 떠 있는
눈부시도록 하얀 섬을 향해
페리를 탄다

누구에게나 마음을 들뜨게 하는
따스함이 흐르는 곳
리프트를 타고 꼭대기에 오르니

근처에 떠 있는 작은 섬들 사이로
조그마한 배들 유유자적 다니는데

가슴이 시리도록 파란 바다
하얀 물살을 일으키며 달리는 풍경
온 마음이 매혹된다

티베리우스 황제도
이 아름다움에 사로잡혀
이곳에 별장을 짓고
죽을 때까지 나오지 않았을까?

자유로움을 느낀 히에라폴리스

계단식 온천이 흘러
흰 눈이 덮힌 듯한 비경이 그 아래에 펼쳐져 있는 도시
쌓인 광물질 따라 다양한 색으로 흐르는 온천수
햇빛 따라 하루에도 몇 번씩 다른 색으로 치장하니
사람들로 하여금 경외감을 갖게 하여
과연 거룩한 도시라 불리울만 하였으리라

제법 높지막한 평지에 자리 잡고서
주변을 살펴볼 수 있는 곳
유적은 크지 않아
나의 빠른 발걸음으로
반나절이면 답사할 수 있는 도시

전형적 로마 시대 도시의 모습
남과 북으로 세워진 관문
그 앞으로 펼쳐지는 아고라 시장
올리브유를 만들던 석조 틀에서
그들의 삶을 엿본다

로마식의 목욕장
몇 개의 부서진 교회들
보수 중인 반원형 대극장

관문 밖으로는 로마인들의 석관들
신라 김유신 묘 같은 봉분이 있는 무덤을 만난다
봉분이 이렇게 친근감을 주나

지진으로 파괴된 도시
자연과 폐허가 하나로 어우러져
폐허가 자연의 일부가 되어버린 곳
지나온 세월이 오히려 무게를 더한다

튀르키예에 온 후
처음으로 숨을 쉴 수 있었고
처음으로 자유로움을 느낄 수 있었다
애초에 이런 감정을 느끼려고
길 떠나는 것 아니었을까

이 도시를 떠나기 전
온천수가 흐르는 논 같은 계단을 걸어 본다
생각보다 물살이 제법 거세다
이 물살에 세상의 것 다 씻어 버리고
더 거룩한 것을 갈망하며 떠나게 하는 도시였다

신비의 세계 보게 하는 곳
―카파도키아(Cappadocia)

처음 다가가면
브라이스 캐니언의 모습에
배드랜드의 신비한 회색과 녹색의 땅
적당히 합하여 놓은 절경이 있는 곳

오랜 세월
눈으로 덮으며 녹은 곳에
인공의 미 곁들여
환상의 나라 이루어 놓은 곳

기괴한 버섯 모양 바위에
뚫어 놓은 문
요정이 살던 굴뚝 바위에
구멍을 뚫고 살았던 곳이다

지형 때문이었을까
이곳의 괴레메에 모여든 사람들
보이지 않는 것을 볼 수 있었고
언젠가 이루어질 것을 믿으며
모진 세월을 기다리며 살았던 곳

험한 삶의 환경

역경을 이길 강함을
세상을 견딜 인내를
난관을 기회로 바꾸는 지혜를 주어
믿음을 붙잡게 하던 곳

오늘날에도
찾아온 나그네에게
신비의 세계
보게 하는 힘이 있는 곳이다

길 중의 길
―아피아 가도(Via Appia)에서

세계의 중심 로마에서도 중심지
영화 '벤허'에 나오는 서커스 막시무스에서 시작하여
남동쪽으로 곧바로 뚫어진 길
이 길의 시작점에 서니
이천 년을 거슬러 올라가
로마인이 된 듯
감회가 서린다

이 길 따라
로마 성곽을 조금만 걸어 나가면
흩어져 있는 카타콤들
가난한 초기 기독교인들의 유해가 있던 곳
부자들의 멋진 무덤도 길 양쪽에 열병하여 있던 곳
그때 만들었던 돌로 된 길이 나를 맞는다

팍스 로마나를 이룩한 로마의
전 제국으로 이어지는 길
로마에서 브린디시로
그리스로, 마케도니아로
시리아로, 오리엔트로, 이집트로
당시의 온 세상으로 퍼져 나가던 길

길 중의 길
그 길이 아직도 이곳에 그대로 있다

과거로의 여행이 시작된다
가로수 따라 일직선으로 뻗어 있는 길 위에
역사를 만들었던 인물들이 살아난다
시저, 안토니우스, 옥타비아누스…

그들이 꿈꾸던 제국은 이미 사라졌지만
그들이 만든 하이웨이는 아직도 남아서
나그네에게 로마제국의 힘을 느끼게 한다

미래로의 여행도 시작된다
제국의 끝을 보며 떠오르는 생각들…
이 길의 끝에 무엇이 있을까?
영원한 나라에 가는 길은 어디에 있는가?

지금도 살아 숨 쉬는 도시

폼페이와의 만남은
시리도록 파란 하늘을 배경으로 한
장엄한 베스비오스 산 아래 자리한
대형극장에서 시작 되었다

언뜻 보면 죽은 듯 하나
살아 있는 산
언뜻 보면 조용한 듯 하나
지금도 노래하고 싸우고 있는 극장

이곳의 유적은 유난히 말이 많다
수다쟁이들이 살았던 곳이었나보다

이천 년이 지난 후에 찾아와도
자기 집이 그대로 있고
벽에 낙서가 그대로 있으니
그 누군들 흥분하지 아니할까

계획된 도시 속
모든 것이 완벽히 남아 있어
당시의 삶 적나라하게 보이니

후세의 나그네에게
시간을 뛰어넘게 하고
그들과 하나가 되게 한다

비어 있으나 꽉 찬 곳

폐허여서 더욱 아름다운 곳
―수니온 곶(Cape Sounion)

파란 하늘이 끝없이 먼 곳에서 날아와
펠로폰네스 산맥 한 자락과 살며시 만나고
그 아래 다소곳이 이어지는
구불구불한 해안선 따라 가면 볼 수 있는 곳

바닷가에 서면
하늘에서 떨어져 나온 듯
하얀 대리석 기둥들 남북으로 정렬하고서
지나가는 나그네를 반기고

수니온 곶 마루에 오르면
내려다보이는 파란 바다에서
우뚝 떠오르는 하얀 대리석 기둥들
아름다운 포세이돈 신전이 있다

지금은 몇 개의 기둥으로 남아
인간이 만든 신과 신전의 결국을 보며
신전보다 더 아름다운 모습으로 다가오니
폐허이기에 더 멋진 곳이 어디 그리 흔하랴

오래전 이곳에 정착하였던 자들
여기 오면 옷깃을 여미지 않을 수 없었으리라

신과 인간이 만나기에 완벽한 곳이기에
바다의 신에게 그들의 최상을 바쳤으리라

자연과 극도의 조화를 이룬 신전 앞에서
그리스 독립 전쟁에 목숨을 바친 바이론 경
마음의 감동 이기지 못하고
기둥 한구석에 이름 새겨 놓고 떠났구나

아름다운 숲속의 정자를 지나며
시심을 이기지 못하여
현판에 시 한 수 읊고 이름 석 자 첨하던
조선의 유학자들 생각났네

눈이 시리도록 파란 바다와 하늘
아름다운 수니온 곶에 다가가면
어느 누군들
마음을 주고 떠나지 않으랴

그리스의 상전벽해
― 델피(Delphi)에서

예나 이제나
인간은 인간인지라
초인의 능력을 사모하였나 보다

아폴로 신이 거주하던 곳
지구의 배꼽이 있는 세계 중심지로
땅끝에서부터 모여들었으리라

가파른 언덕 타고 힘겹게 올라와
일몰의 바다를 내려다보면
상전벽해 절경에 압도당하였으리라

예물로 올리브기름을 바치고
땅의 어머니가 준비한 생수를 마시면
이미 초인과 하나 되지 않았을까?

이천여 년 된 올리브나무 숲이 끝없이 이어지고
파아란 바다가 펼쳐져
시간이 정지된 채 나그네를 맞나 하였더니

신탁하던 여사제 간 곳 없고
후대에 세워진 바실리카의 폐허를 보노라니
상전벽해는 자연에만 적용되는 것 아니었네

조 명
— 에게해의 밤

바다를 가르며
다가 온다

바다 한가운데를 헤치며
직선거리로 달려 온다

이국의 밤바다
크레타 섬을 향하는 배에서 만난
황금색 달빛

모든 것 마다하고 달려와
길을 비추어 준다

얼마나 많은 배들이
파도를 헤쳐 갔을까

오디세이에 나오던 영웅들
사도 바울이 탔던 배도
이 바닷길 지나갔겠지

낮에 보았던 밧모섬 동굴
요한의 유배지에서

그의 흔적 찾기에 부심하던 중

황홀한 달빛
따사한 마음으로 나를 채우며
마음으로 순례하라 하네

오늘 한밤중에도
교교히 바다를 비추며
마음을 밝혀 준다

오늘도 나일강은 흐르고 있다

1

오늘도 너는
유유히 흐르고 있다

오랜 세월 전
처음 존재했을 때부터
보아왔던 모든 세월을 반추하며
묵묵히 흐르고 있다

동서 양안을 가슴에 품고
남북으로의 긴 여정을 흐르고 있다

해가 떠오르는 동쪽
살아있던 자들의 공간
파라오와 귀족들의 궁궐과 대저택들이 있던 곳
지금도 남아 있는 신전들
당대인들의 생각과 삶을 볼 수 있다

해가 지는 서쪽
죽은 자들의 공간
피라미드와 파라오들 무덤의 계곡이 있는 곳

거대한 규모, 화려한 내부의 장식과 부장품들
그들의 사후 세계관을 볼 수 있다

삶과 죽음을 한 몸으로 안고
오늘도 쉼 없이 흐르고 있다
자신에게도 생명이 있음을 알고 있는 너
겸손히 할 일을 하고 있다

2

태양신을 숭배하던 고대 이집트인들에게
숭배의 대상이었던 쇠똥구리
오늘도 쉬지 않고 소똥을 굴리며
새로운 태양을 날마다 선사하고 있다

초겨울임에도 햇빛은 따사하고
불어오는 미풍은
선데크에 앉아 있는 나의 머릿결을 훑으며
전쟁 소식으로 움츠러져 있던
여행자의 마음을 풀게 한다

이곳은 아주 조용하다
옆의 나라에서는 전쟁으로 시끄러우나
마치 세상과 따로 떨어져 나와 있는 듯

생명줄이었던 커다란 강줄기를 타고 오른다
시원히 흐르는 강물
양쪽 강변에 펼쳐져 있는 갈대밭
그리고 끝없이 파란 하늘
드문드문 지나가는 펠루카와 크루즈 선들
어쩌다 보이는 강변에 살고 있는 주민들
몇천 년 전부터 해오던 방식대로
씨뿌리고 목축하는 모습
더불어 나의 시간도 천천히 흐른다

여행자의 마음을 사로잡는 것이 있다
역사 속에서 단절된 문명이다
세계 곳곳에 흩어져 있는 오벨리스크의 운명이다
왜 놀랍고 화려했던 문명은 사라졌을까
왜 지식의 전수가 이루어지지 못했을까
표음문자까지 갖고 있었는데도…

완만히 흐르는 강줄기는

이곳 사람들의 성격도 형성시킨 듯
변화 없이 같은 일을 하며 전통을 지켜 오고 있으니
그나마 존재하기에 반갑다

이들에게 삶이란 무엇일까?
강물 따라
특유의 세월을 살아왔고 살아가리라
오늘도 나일강은 흐르고 있다

후기

　나의 집은 깊은 숲속 끝자락에 있다. 오직 숲만 보인다. 은퇴 후, 집 뒤 숲에 있는 나무들을 잘라내는 일을 하였다. 나무들을 자르고 나니 뒷마당이 넓어지고 내 마음도 밝고 시원해졌다. 햇빛이 잘 들어왔다. 나이 든 사람에게는 어떤 보약보다 밝은 햇빛이 건강에 좋다는데 그 말이 이해되었다. 행복이란 단어가 낯설지 않게 되었다. 자연을 즐길 수 있게 되었고, 하루 종일 뒷마당의 숲을 쳐다보아도 싫증이 나지 않았다. 정말 잘생긴 나무 하나가 그렇게 예쁠 수가 없다는 것을 깨달았다. 내 자식같이 어루만지고 싶고, 보고만 있어도 좋았다.

　다른 이들에게 자랑도 하고 싶을 정도로 애착이 갔다. 잘생긴 수려한 나무의 꼭대기에 아침의 상긋한 햇살이 붉게 비치기 시작하여 나무를 휘감는 모습, 오후의 파란 하늘 아래 햇빛이 나뭇잎을 뚫고 지나갈 때 보이는 투명한 녹색 나뭇잎들, 저녁노을 아래 아름답고 포근하며 친근히 다가오는 숲의 모습, 그리고 겨울 해지기 직전 붉은 노을과 대비되어 실루엣으로 작은 나뭇가지 하나하나 보여주는 숲의 아름다움 등이 눈에 들어왔다. 가슴이 뛰는 경험을 하게 되었다. 이 아름다움과 느낌을 글로 표현하고 싶다는 생각이 들었다. 나로 하여금 사색하게 만든 집 뒤의 숲은 나의 월든 숲(Walden Woods)*이다.

많은 화가들이 한 번씩 그린 그림은 자화상이다. 각기 다른 화풍에 따라 자기의 얼굴을 여러 모양으로 표현하였다. 어떤 이는 상체 전체에 빛을 비추어 크게 그렸는가 하면, 어떤 이는 상체는 살짝 어둠 속에 감추고 얼굴에만 빛을 주어 강조함으로써 자기의 생각을 보이려 하였다. 또 어떤 이는 바람 부는 언덕에 서 있는 모델의 치마가 바람에 날리는 것을 그림으로써 자신의 마음을 표현하기도 하였다.

마찬가지로 내가 쓴 글들은 나의 자화상이다. 머리만 크게 또는 가슴만 크게 강조한 현대 추상파의 그림같이 나의 어떤 글은 머리만 크게, 어떤 글은 가슴만 크게 묘사하였으나, 나의 일부분임에는 틀림이 없다. 때로는 그림의 한쪽 끝에 자기를 조그맣게 그려 놓은 화가들처럼 구석구석에 나의 작은 모습이 있다. 마치 《사기》를 쓴 사

마천이 각 책 끝마다 자기의 평을 곁들인 것도 이러한 마음으로 한 마디 첨부한 것인지 모르겠다.

시에 비친 나의 자화상은 어떤 모습일까? 설레는 모습, 평안한 모습, 기다림에 지쳐 답답한 모습, 긍정적인 모습, 그리움과 고독에 대해 사색하는 모습, 육신의 고통을 지나가는 모습, 상처받은 모습, 자연에서 위로받는 모습, 영원을 사모하는 모습 등등… 어떤 한 단어로도 정의할 수 없지만 인생을 살아가는 나의 모습임에는 분명하다. 당시에 느낀 그대로의 마음이 나타나는 자화상이 되었으면 한다. 아마도 내가 보여주고 싶어 하는 나의 자화상이라는 표현이 정확할 것 같다. 비록 순간마다 변하는 나의 마음일지라도 그 순간에 솔직한 글이 되도록 노력하였다.

멋있게 나이 들어간다는 것은 무엇일까? 하루하루를 음미하며 사는 것이 아닐까? 많은 것을 놓아 버린다. 서두르지 않는다. 그 안에는 느긋함이 있다. 자유로움이 있다. 평안함이 있다. 내가 갖게 된 평안함으로 그러하지 못한 모든 이들을 안아주고 싶은 마음이다. 나의 글은 그러한 자유로움과 평안함에서 나온 결과물이다.

이 글들을 사장하지 않도록 도움을 준 여러분께 감사드린다. 여러모로 격려해 주신 이형기 작가와 편집을 위해 수고하신 지성의샘 출판사 여러분께 감사한다. 믿음 생활의 길잡이가 되어 준 남편과 세상에서 제일 큰 사랑을 알게 해준 딸에게도 감사한다.

* 미국의 시인이자 철학자인 헨리 데이비드 소로(Henry David Thoreau)가 거주했고 저서 《Walden》의 실제 무대가 되었던 월든 폰드(Walden Pond)처럼 나의 집 뒤 숲은 '월든 숲'이다.

조점숙 시집

숲이 속삭이다

초판1쇄 인쇄 · 2025년 5월 20일
초판1쇄 발행 · 2025년 5월 25일

지은이 · 조 점 숙
펴낸이 · 김 영 만
주 간 · 이 현 실

펴낸곳 · 지성의샘
등록번호 · 2011. 6. 8. 제301-2011-098호

주 소 · 서울시 중구 을지로 14길 16-11 (2층)
편집부 · 02) 2285-0711
영업부 · (02) 2285-2734
팩 스 · (02) 338-2722
이메일 · gonggamsa@hanmail.net

ⓒ 2025. 조점숙, Printed in Korea

값 12,000원
ISBN 979-11-6391-085-5 03810

* 잘못된 책은 서점에서 교환해 드립니다.